001

002

003

004

005

006

007

008

009

010

011

012

013

014

015

016

1

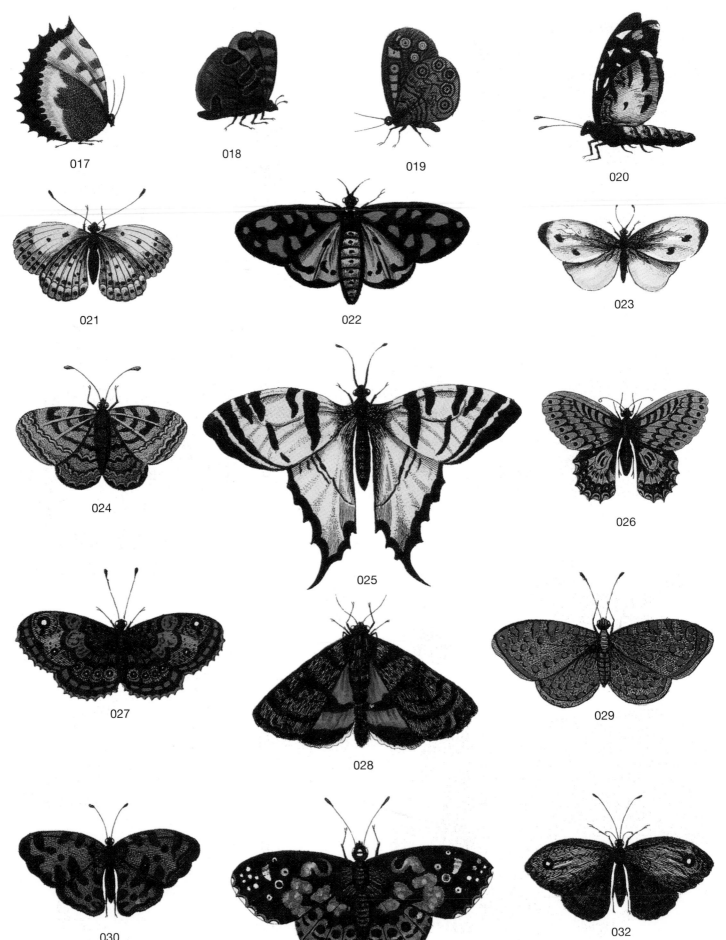

017

018

019

020

021

022

023

024

025

026

027

028

029

030

031

032

2

033

034

035

036

038

039

040

037

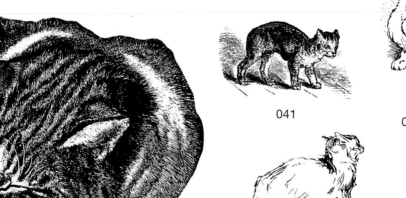

043

041

042

044

045

3

046

047

048

049

050

051

052

053

054

055

056

057

058

4

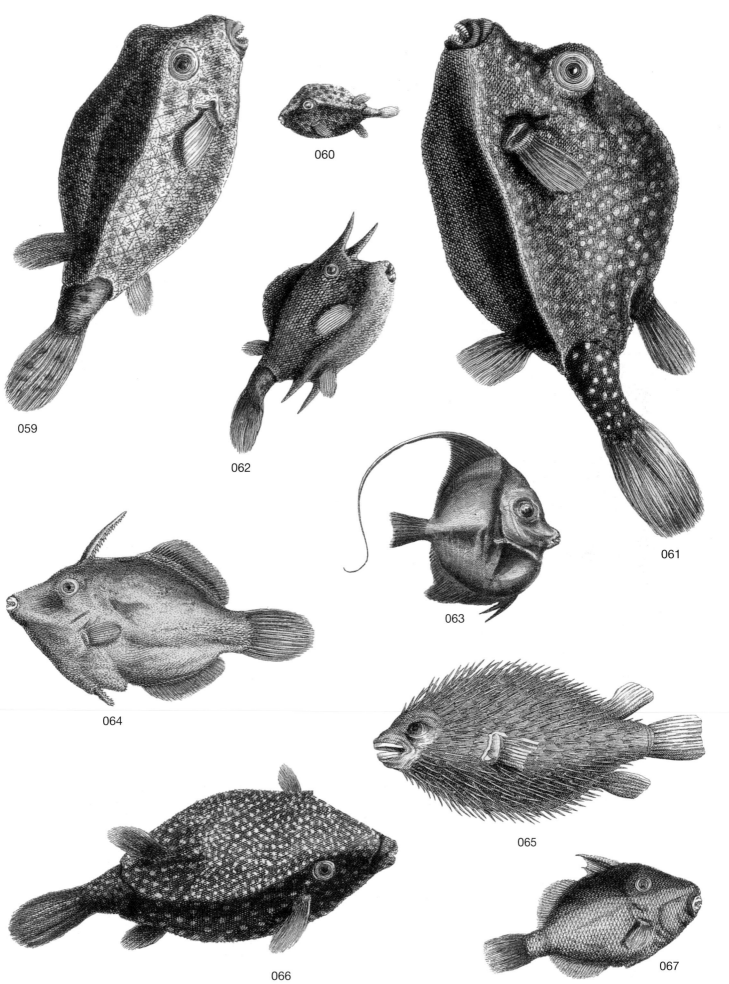

059

060

061

062

063

064

065

066

067

5

068

070

072

069

071

073

074

075

6

076

077

078

079

080

081

082

083

084

085

086

087

088

7

089

090

091

092

093

094

095

096

097

098

099

100

101

102

103

8

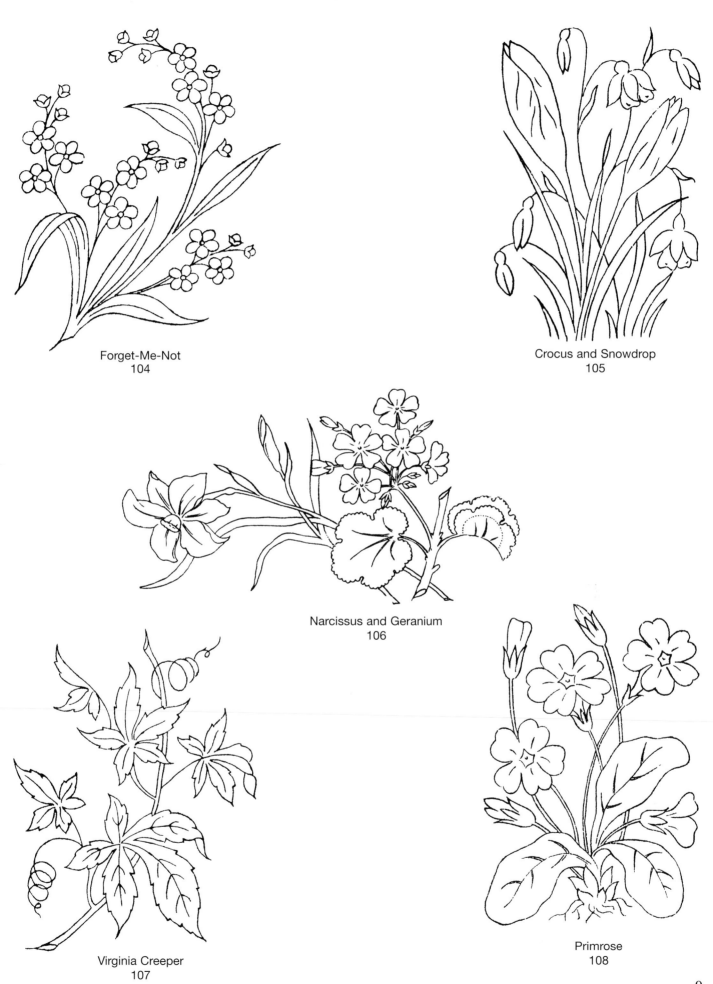

Forget-Me-Not
104

Crocus and Snowdrop
105

Narcissus and Geranium
106

Virginia Creeper
107

Primrose
108

9

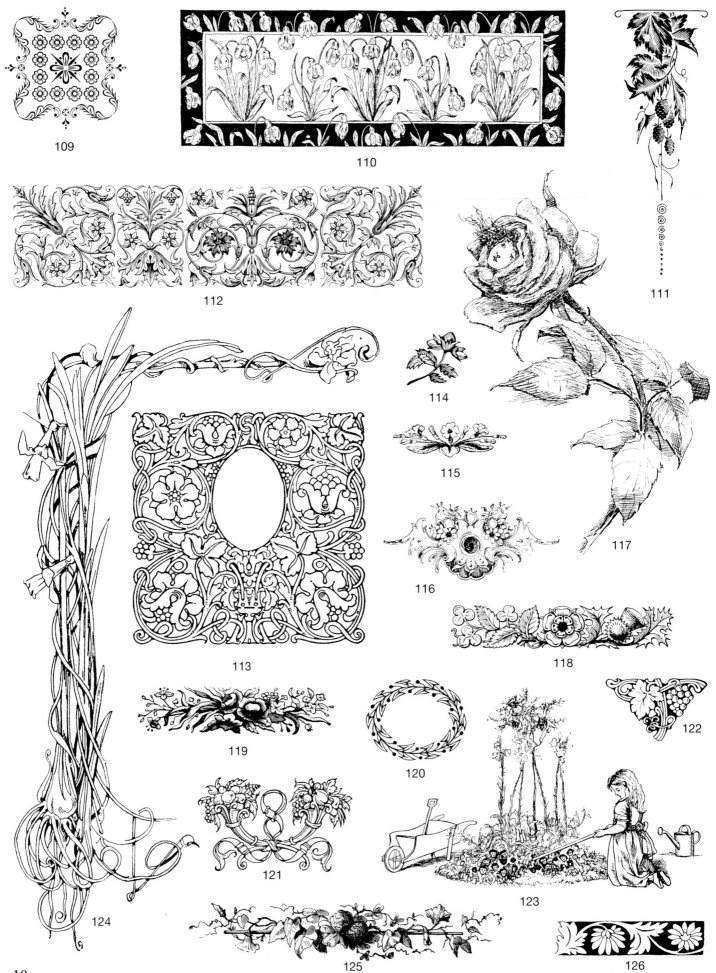

109

110

111

112

113

114

115

116

117

118

119

120

121

122

123

124

125

126

10

Gladiolus

Pansy

128

127

Rose

129

Zinnia

130

Hollyhock

131

Iris

132

11

tea rose
(*Rosa indica*)
133

tea rose
(*Rosa indica cruenta*)
134

tea rose
(*Rosa indica sertulata*)
135

tea rose
(*Rosa indica vulgaris*)
136

12

Gray Wolf
137

Gray Wolf
138

Coyote
139

Red Wolf
140

Red Fox
141

Gray Fox
142

13

Cedar Waxwing
144

Chimney Swift
143

Blue Jay
145

Cardinal
146

Brown Thrasher
147

Baltimore Oriole
148

14

Torvosaurus and Brachiosaurus
149

Amargasaurus
150

Plateosaurus
151

Styracosaurus
152

15

Isis

153

Ramses III

154

155

the goddess Bast

156

157

the sacred Uraeus snake

158

159

a mummy

160

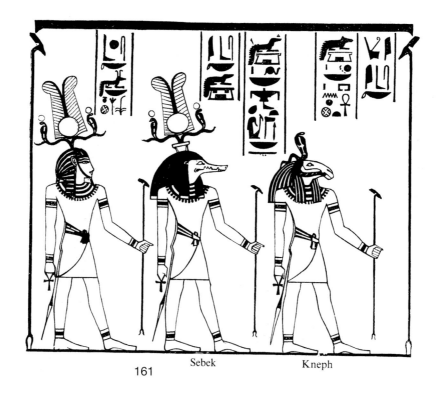

161   Sebek   Kneph

a mummy

162

163

164

165

166

170

171

172

169

168

167

173

174

175

176

17

177

178

179

180

181

182

183

184

185

186

187

188

189

190

191

192

193

18

194

195

196

198

197

199

200

201

202

203

204

205

206

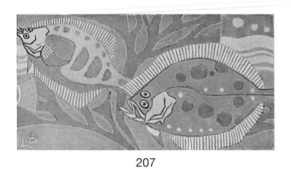

207

208

209

213

210

211

212

214

215

216

217

218

219

220

221

222

223

224

225

226

227

228

229

230

231

232

233

234

235

23

236

237

238

239

240

241

24

242

243

244

245

246

248

247

249

250

251

252

253

254

255

256

257

258

259

260

261

262

263

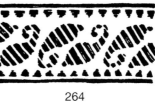

264

265

266

267

268

269

270

271

272

273

274

275

276

277

278

279

280

281

282

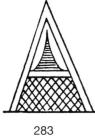

283

284

285

286

29

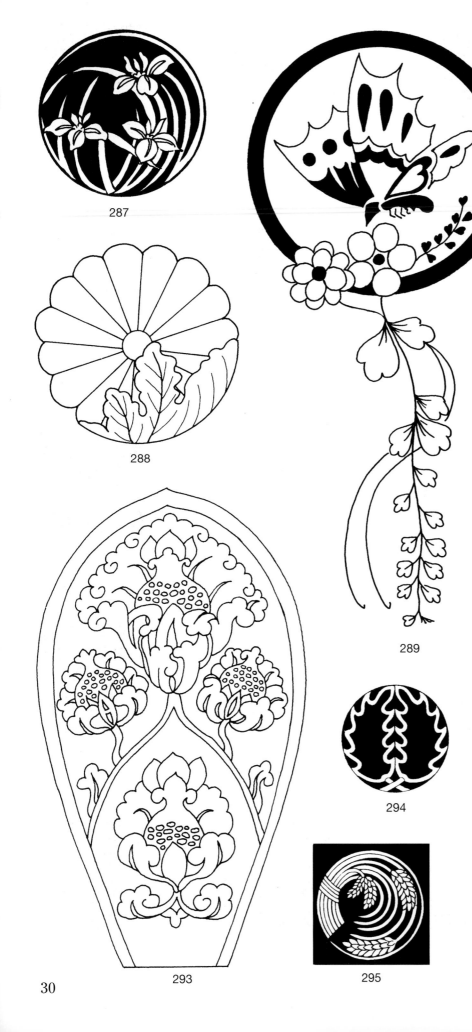

287

288

289

290

291

292

293

294

295

296

 297

 298

 299

 300

 301

 302

 303

 304

 305

 306

 307

 308

 309

 310

 311

 312

 313

 314

 315

 316

317

318

319

320

321

322

323

324

325

PUEBLO

326

327

MIMBRES

328

SANTO DOMINGO

330

329

PUEBLO

331

HOPI

332

PUEBLO

333

PIMA

334

ZUÑI

335

PAPAGO

336

33

337

338

339

340

341

342

343

344

345

346

347

34

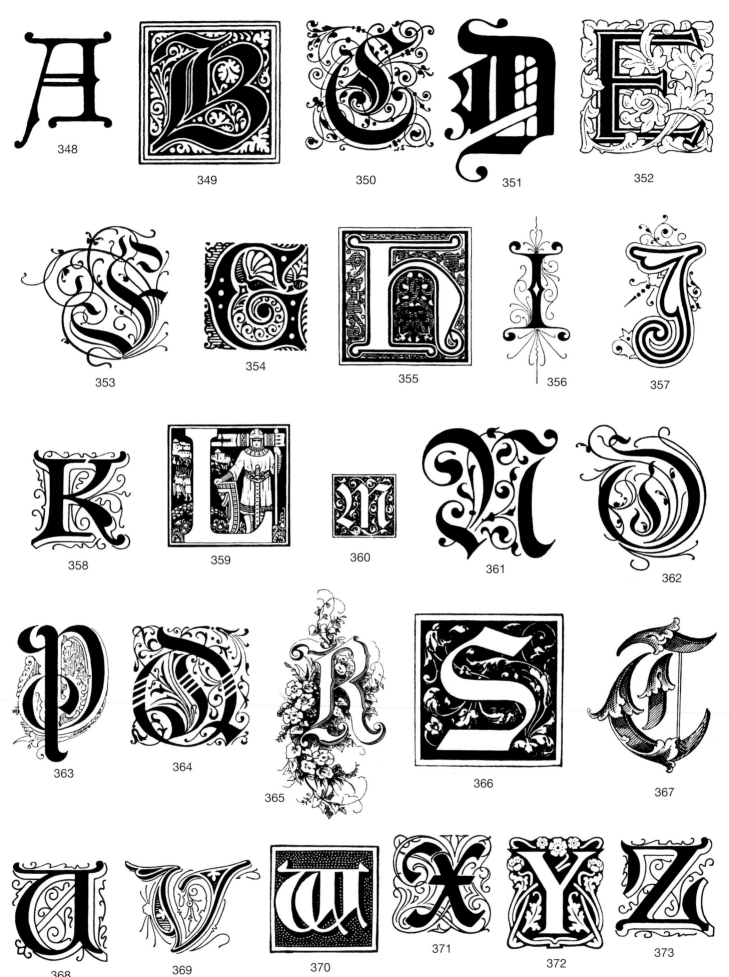

348   349   350   351   352
353   354   355   356   357
358   359   360   361   362
363   364   365   366   367
368   369   370   371   372   373

374

375

376

377

378

379

380

381

382

383

384

385

386

387

388

389

390

391

392

393

394

395

396

397

398

399

400

401

402

403

404

405

406

407

408

409

410

411

38

39

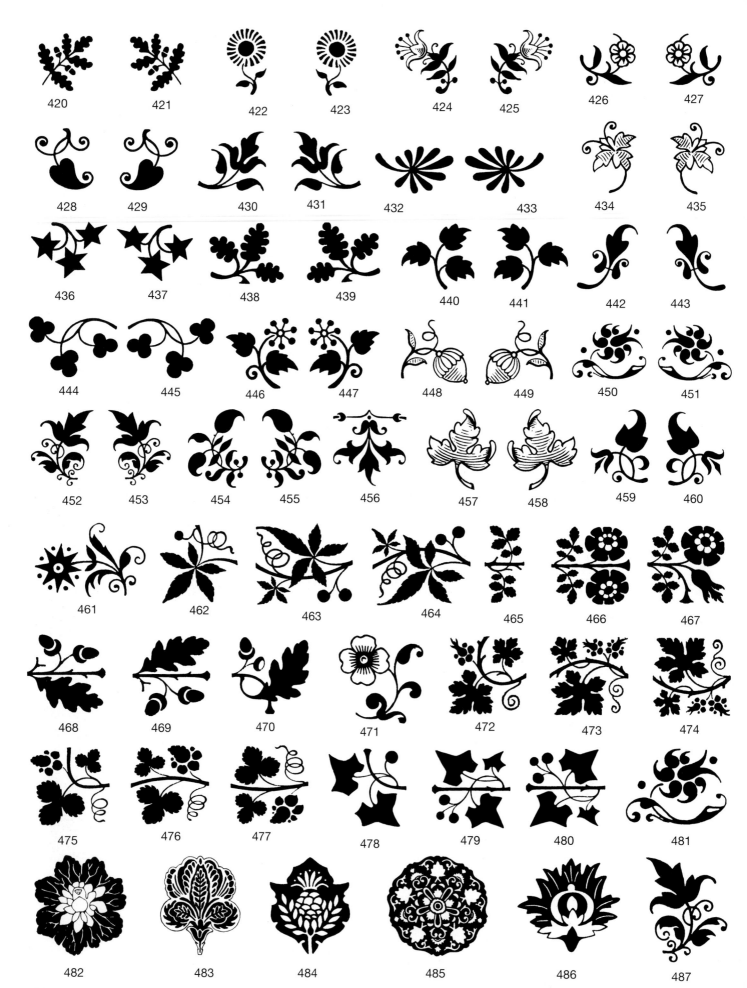

420 421 422 423 424 425 426 427

428 429 430 431 432 433 434 435

436 437 438 439 440 441 442 443

444 445 446 447 448 449 450 451

452 453 454 455 456 457 458 459 460

461 462 463 464 465 466 467

468 469 470 471 472 473 474

475 476 477 478 479 480 481

482 483 484 485 486 487

40

488

489

490

491

492

493

Théophile-Alexandre Steinlen
495

Alphonse Maria Mucha
494

496

497

498

499

500

501

502

503

504

505

506

507

508

43

509

510

511

512

513

514

515

516

If you tell where he's going . . . He may never get there!

John Falter, 1943
518

IF YOU WANT TO FIGHT! JOIN THE MARINES

Howard Chandler Christy, 1915
517

519

520

521

522

523

524

525

526

527

528

529

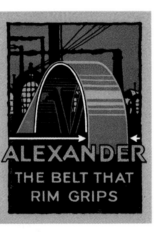

530

531

532